DOMINA LA TELEPROSPECCIÓN

Los secretos para que nadie vuelva
a colgarte el teléfono

Por Noé Spies
Traducido por Laura Soler Pinson

Coaching en50MINUTOS.es

LA TELEPROSPECCIÓN

- **¿Problemática?** ¿Cuáles son las principales estrategias y los trucos que se pueden aplicar para que tus llamadas sean mucho más eficaces?
- **¿Utilidad?** Esta actividad fundamental para toda empresa, también llamada *phoning*, contribuye a que se amplíe el círculo de clientes y favorece así la continuidad de tu negocio.
- **¿Contexto?** Estrategia comercial, prospección de clientes, mercadotecnia, comunicación verbal, etc.
- **¿Preguntas frecuentes?**
  - ¿Cómo superar la barrera de la secretaría?
  - ¿Cómo seguir y gestionar una campaña de teleprospección?
  - ¿Cómo volver a contactar de manera eficaz a un cliente potencial?
  - ¿Cómo me preparo para los imprevistos?
  - ¿Cómo mantener la calma si el cliente potencial se enfada?
  - ¿Cómo anticipar las posibles objeciones?
  - ¿Cómo me aseguro el acuerdo de un cliente potencial?

En términos generales, se subestima la utilidad de la teleprospección o prospección telefónica. Y, sin embargo, es fundamental para el buen desarrollo de una empresa. Puede constituir un medio rápido y eficaz para ampliar tu lista de contactos y dar valor a tu empresa de cara a tus clientes potenciales. Pero es importante que sepamos efectuarla correctamente puesto que, de lo contrario, este trabajo se convertirá en algo laborioso e, incluso, desalentador. En efecto, el cliente potencial con el que intentas hablar no siempre está disponible o interesado por tu proyecto. Son múltiples las razones que pueden llevarlo a colgarte, y esto tendrá repercusiones en tu estado de ánimo.

La prospección telefónica corresponde a una auténtica estrategia de *marketing* que hay que aprender a gestionar respetando varios principios. De hecho, esta práctica corresponde ante todo a una habilidad profesional que apenas deja lugar para la improvisación. Hoy en día, la profesionalización de esta técnica comercial ha generado un gran número de métodos que, si se dominan, te permitirán salvar todos los obstáculos.

En cuatro etapas, y gracias a una multitud de trucos, pon toda la suerte de tu lado para prospectar con éxito por teléfono y maximizar tu rendimiento a la hora de obtener nuevos clientes. La finalidad de este libro es guiarte por la senda del éxito, pero has de ser consciente de que no existe una fórmula mágica. Solo la práctica y la preparación te permitirán alcanzar tus objetivos.

EL ABECÉ DEL AS DE LA TELEPROSPECCIÓN

LA PREPARACIÓN

No sirve de nada empezar a llamar a tus clientes potenciales si tus condiciones laborales no son las adecuadas. Debes tener en cuenta varios elementos para sentirte cómodo a la hora de marcar el número.

Conocer el producto

Esto es obvio: no inicies una prospección antes de dominar a la perfección cada detalle del producto o el servicio que quieres vender. Es particularmente útil llevar a cabo búsquedas acerca de tus competidores principales para conocer sus ofertas y anotar los puntos que os diferencian. Así, cuando llames, podrás apoyarte en algunos elementos precisos, los que te dan una ventaja con respecto a la competencia. Porque, por supuesto, tus competidores también pueden llamar a los mismos clientes potenciales...

Elaborar un archivo de clientes potenciales detallado

La primera etapa antes de que te lances es preparar y trabajar tu lista de clientes potenciales. Evidentemente, es fundamental conocer al interlocutor y a la empresa a la que vas a contactar para intentar convencerlos, pero también para saber si corresponden con los objetivos y con los perfiles que buscas. Para ello, establece una descripción detallada de cada cliente potencial anotando:

- las características exhaustivas de su empresa, con su campo de actividad, su volumen de negocios, su historia, su actualidad, sus empleados y sus señas de contacto.
- el nombre concreto de la persona con la que deseas hablar, su puesto y, si es posible, su línea directa. Así, evitarás la barrera de la secretaría.

Plantéate las siguientes preguntas:

- ¿Cuál es el objetivo exacto de mi llamada (simple toma de contacto, obtención de una cita, venta inmediata, etc.)?
- ¿Quién es mi interlocutor? ¿Lo he contactado con anterioridad? ¿Cuál es su estatus en la empresa? ¿Tiene un poder de decisión?

Estos datos te permiten, por una parte, saber a quién te diriges, pero también te ayudan a establecer una relación entre tu objetivo y la persona a la que contactas: intenta identificar, por ejemplo, los intereses que tenéis en común. En la era digital, recopilar todos estos datos no podría ser más fácil. Mucha información se encuentra en la página web de la empresa o en redes sociales como Twitter, Facebook o LinkedIn. No dudes en guardar tus fichas y en actualizarlas a menudo.

Crea las condiciones adecuadas

Cuando te dispongas a efectuar tus llamadas, escoge y prepara tu entorno de forma adecuada. En efecto, si te encuentras en un lugar ruidoso, con mucha gente a tu alrededor, te costará concentrarte y, además, tu interlocutor tendrá que realizar un esfuerzo añadido para comprenderte. Nada de esto facilitará el contacto con tu cliente potencial, que puede que no te tome en serio y te cuelgue en mitad de la conversación.

Para una atmósfera de trabajo óptima, elige un lugar tranquilo y aislado donde podrás expresarte con total tranquilidad. Si no tienes otra opción aparte de tu *open space*, avisa a tus colegas de que estás llevando a cabo una sesión de teleprospección para que respeten tu trabajo.

Toma también papel y lápiz o graba la conversación: toda la información que te ofrecerá tu cliente potencial es extremadamente valiosa. ¡Guárdala como oro en paño!

PEQUEÑO PLUS

La prospección telefónica no debe ser considerada como una tarea menor en tu agenda. Determina una franja horaria precisa en la que efectuarás este ejercicio y cúmplelo. Arnaud Cielle, en su libro *Comment trouver et fidéliser vos clients* («Cómo encontrar y fidelizar a tus clientes»), afirma que la duración ideal de una sesión de *phoning* está entre 1:30 h y 3 horas.

LA TOMA DE CONTACTO

La primera impresión que se lleve tu interlocutor de ti será determinante y marcará el buen desarrollo de la conversación telefónica. Si tus primeras palabras son titubeantes o torpes, tendrán un impacto negativo sobre tu imagen. Por lo tanto, trabajar la toma de contacto es una etapa que no hay que menospreciar para partir sobre una buena base con tu cliente potencial.

Cautivar el interés del cliente potencial

En sus artículos, Víctor Cabrera, *coach* y asesor en eficacia comercial, explica que al igual que ocurre durante un contacto físico, tu cliente potencial se formará una opinión sobre ti en los veinte primeros segundos. Además, Cabrera cree que la toma de contacto condiciona en un 80 % el resultado de tu estrategia: la percepción que tendrá de ti tu cliente potencial vendrá definida por esta primera impresión.

Por lo tanto, muéstrate contundente y claro desde el principio: preséntate brevemente (tu nombre y el de tu empresa) y transmite inmediatamente tu mensaje de *marketing* principal. Para elaborarlo, no olvides que debes establecer una diferencia con la competencia. Haz hincapié en los beneficios que obtendrá tu cliente potencial al colaborar contigo: una ventaja, una calidad, una característica, un precio atractivo, etc.

El objetivo es despertar directamente el interés de tu cliente potencial evitando las banalidades. Debes concentrarte en una necesidad —lo más precisa posible— de tu interlocutor y demostrarle en una frase cómo tu oferta le permitirá cubrirla: economía, beneficio o logro particular. De ahí la importancia de la fase de preparación que hemos desarrollado más arriba, con la que te formarás una idea acertada de lo que interesa a tu cliente potencial y que, por lo tanto, te permitirá personalizar las llamadas.

A continuación, intenta llegar a un acuerdo que no necesariamente estará en relación directa con tu objetivo final. Se trata simplemente de llevar a tu interlocutor a una lógica de acuerdos. Por ejemplo, pregunta a tu cliente potencial: «¿Está de acuerdo en concederme aún unos minutos?». De hecho, en psicología, según la teoría del compromiso, obtener de manera inmediata un primer consentimiento de tu cliente potencial por un motivo cualquiera (por insignificante que sea) aumenta enormemente tus posibilidades de concluir con éxito la negociación. ¿Por qué? Porque el cerebro humano, por coherencia, intentará automáticamente mantenerse en armonía con sus decisiones anteriores.

Después, presenta a tu interlocutor un esquema con el desarrollo de la conversación: eso te dará un control sobre él y demostrará tu mente estructurada. Para acabar, determina el tiempo que necesitas para tu planteamiento: así pondrás de manifiesto tu profesionalidad y que también te preocupas por su disponibilidad.

Plantear las preguntas correctas

Una vez que has establecido la toma de contacto, tendrás que iniciar una auténtica conversación con tu cliente potencial para:

- convencerlo de la pertinencia de tu enfoque;
- definir mejor sus necesidades recopilando una multitud de información sobre él.

Para alcanzar estos dos objetivos, intenta plantear tus preguntas de manera bien precisa. Cuando te dirijas a tu interlocutor, tendrás que alternar preguntas abiertas y cerradas. Interésate realmente por tu cliente potencial y haz que tenga ganas de meterse de lleno en la conversación:

- preguntándole su opinión («¿Qué le parece esto?» «¿Qué piensa acerca de aquello?»). Así, tu cliente potencial tendrá la oportunidad de exponer una problemática que para él reviste importancia y tú podrás tomar buena nota de ello;
- preguntándole sobre sus deseos y sus necesidades;
- preguntándole acerca de su empresa, su profesión y su día a día.

A continuación, plantea interrogantes cerrados en el caso de que quieras obtener:

- una confirmación de tu buena comprensión;
- una información factual (una cifra, una fecha, etc.);
- una afirmación o una negación sobre un tema confuso.

Esta fase de descubrimiento y de especificación de las necesidades de tu cliente potencial es esencial. Al variar los tipos de preguntas y al reformular sus afirmaciones, obtendrás los datos que deseas, a los que podrás remitirte para perfeccionar tu argumento y, sobre todo, para responder a las objeciones de tu cliente potencial.

<u>Consejo</u>

Evita plantear una gran cantidad de preguntas de manera demasiado abrupta: correrías el riesgo de que la persona que tienes al otro lado del teléfono se desanimara rápidamente y podría tener la impresión de que estás llevando a cabo un simple sondeo tedioso.

LA ARGUMENTACIÓN

Has establecido un primer contacto prometedor con tu interlocutor, que se muestra dispuesto a escucharte. Ahora se trata de convencerlo del interés de tu producto o servicio usando tus habilidades para contrarrestar sus objeciones. Tu objetivo es obtener una cita.

Desarrollar nuestros argumentos y responder a las objeciones

Una buena argumentación debe respetar algunas reglas básicas y se estructura en distintas etapas:

- empieza por destacar, como máximo, tres ventajas para el cliente. No hace falta que digas más, puesto que podrías perder la atención de tu cliente potencial;
- a continuación, preséntale los argumentos que están en relación con la(s) problemática(s) que tu interlocutor ha evocado durante la etapa previa. Se trata de que sienta que tu oferta se adapta a su demanda y que has comprendido sus expectativas;
- para acabar, déjale tiempo para que reaccione a tus argumentos.

De ahí surgen tres posibilidades:

- en el mejor de los casos, tu cliente potencial asume todos tus argumentos;
- está interesado, pero emite ciertas objeciones;
- no lo está (o no totalmente) y también expresa objeciones.

En los dos últimos casos —los más frecuentes—, tendrás que reaccionar rápidamente. ¿Cómo? La primera etapa es aceptar la situación para después poder sacar provecho. No lograrás casi nunca concluir una venta sin que tu interlocutor señale ciertos obstáculos. Por lo tanto, aprende a desbaratarlos para que la balanza se incline de tu lado.

Para ello, primero tendrás que descubrir la razón de la objeción. Plantea preguntas tanto abiertas como cerradas. Rara vez está claro el motivo de la oposición, así que tómate tu tiempo y escucha las preocupaciones de tu cliente potencial para poder tranquilizarlo después adecuadamente. Así, evitarás precipitarte y tomar el camino equivocado, sin comprender lo que te reprocha realmente. Además, así le demostrarás que te interesas por su situación.

LO QUE HAY QUE EVITAR

Aunque está bien mostrar empatía, sé cauteloso y no acabes por darle la razón a tu cliente potencial admitiendo que existen fisuras en tu oferta. Da prioridad a un giro como «Entiendo su punto de vista. Es normal hacerse preguntas sobre esto. Sin embargo...» en vez de «Tiene razón».

A continuación, contesta a la objeción de tu cliente potencial con una respuesta precisa y personalizada. Llegados a este punto, distinguiremos el tipo de objeción al que te enfrentas:

- si tu interlocutor duda, basa tus afirmaciones en elementos factuales adecuados, como volumen de negocios, rendimiento alcanzado, resultados de un estudio, etc. Los hechos se convertirán automáticamente en argumentos de autoridad y permitirán tranquilizarlo. Encuentra el que dé en la diana, relacionado con su crítica.
- en caso de una objeción real, lleva a cabo lo que se conoce como transición. Para ello, desvía la conversación del punto de objeción y demuestra que ciertos puntos de tu oferta corresponden aun así a las necesidades de tu cliente potencial; en resumen, evita hablar de la crítica. Para lograr superar esta etapa, tienes que haber descubierto las necesidades de tu cliente potencial y haber anotado los puntos esenciales para utilizarlos en el momento preciso. Eso te permitirá reequilibrar la balanza tras la objeción.

Para acabar, reformula brevemente todas las objeciones de tu interlocutor —así sabrá que lo comprendes— y demuéstrale a continuación con A + B que tu oferta corresponde a sus necesidades. Acaba con una pregunta para ver si tu propuesta lo ha convencido. Si la respuesta es afirmativa, ¡enhorabuena!

Si no lo es, vuelve a empezar el proceso: plantea una nueva pregunta para entender por qué. Si se trata de una duda, pregunta a tu cliente potencial qué prueba podría convencerlo e intenta aportársela o proponerle otras. Si la objeción es real, significa que tus argumentos no han pesado lo suficiente en la balanza. Siempre puedes intentar añadir ventajas hasta que la balanza se incline de tu parte (una bonificación al cliente, una extensión de la garantía, un periodo de prueba, etc.). Lo ideal en esta situación es terminar en una apertura para encontrar una excusa legítima con la que volver a contactarlo.

El esquema que te presentamos a continuación retoma las distintas etapas que deberás seguir para desarrollar una argumentación convincente y enfrentarte a todas las objeciones de tu cliente potencial.

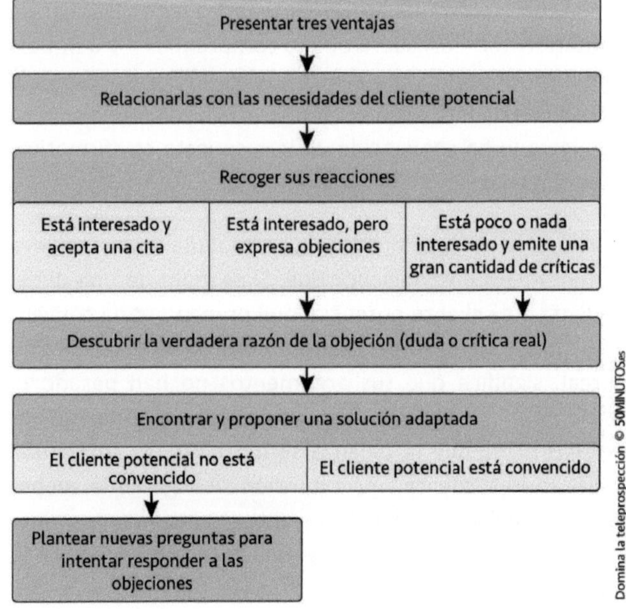

Gestionar la forma: el lenguaje oral

Pero no bastará con dominar el contenido de tu argumentación para ganar todas las batallas; también es obligatorio que gestiones la forma, es decir, el lenguaje oral. A menudo, muchos representantes fracasan en su prospección telefónica porque su comunicación oral no es buena. Varias pueden ser las razones:

- estrés;
- dudas;
- mala articulación;

- tartamudeo;
- cadencia muy elevada;
- falta de entonación;
- frialdad en la voz;
- etc.

Para evitar este tipo de situaciones, te presentamos a continuación una serie de ejercicios sencillos y rápidos para que te sientas más cómodo cuando hablas por teléfono:

- antes de llamar, respira profundamente y bebe un poco de agua para aclarar tu garganta;
- calienta la voz bostezando, riéndote o recitando las vocales;
- cuando vayas a llamar y durante la llamada, oblígate a sonreír. Esto se notará en la empatía que desprenderá tu voz;
- articula. Tu mensaje debe ser audible para tu interlocutor. Para ello, practica solo o con un amigo simulando una conversación;
- habla a un ritmo ni muy lento, ni muy rápido. El objetivo es sobre todo poner entonación a tus afirmaciones y que estas cobren vida;
- no emplees un vocabulario demasiado técnico o científico, ni un vocabulario demasiado coloquial. Opta por una expresión clásica y comprensible para todos. Emplea también un lenguaje gráfico para que tu cliente potencial pueda visualizar mejor tu oferta;
- mantén el tono positivo en los términos que usas. Así, da prioridad a palabras como beneficio, ganancia, dividendo, ventaja o crecimiento, y evita vocablos como dificultad,

obstáculo, pérdida, peligro o miedo;
- opta por frases cortas, contundentes y, si es posible, conjugadas en presente. Evita meterte en monólogos interminables;
- marca pausas en tu elocución para recobrar el aliento y para dejar al cliente la posibilidad de expresarse. Los silencios pueden ser tan útiles como los argumentos.

Embellecer tu oferta: el *storytelling*

El *storytelling* consiste simplemente en contar una historia a tu interlocutor. Pero no cualquiera. Se trata de hablar de tu producto de una manera diferente, con un relato que despertará las ganas de comprarlo. El objetivo es desarrollar en el cliente potencial emociones positivas utilizando un estilo narrativo.

En la estructura de tu historia, debes insertar los elementos indispensables para una buena narración: una situación inicial, un elemento perturbador, un protagonista, obstáculos, una búsqueda y una resolución. Sin embargo, no debe tomar la apariencia de un cuento de hadas; debe ser creíble y realista. Por ejemplo, puedes inspirarte de los casos de éxito de los clientes de tu empresa.

Para que el cliente potencial conecte con tu relato, empieza por solicitar sus emociones anunciando una problemática con la que podría identificarse. A continuación, apela a su lógica formulando soluciones. Esta técnica de comunicación, que ya ha demostrado su eficacia, te permitirá captar todavía más la atención y el interés de tu interlocutor.

Para elaborar una historia fascinante, retoma las tres preguntas esenciales que se plantea François Batun, experto en estrategia comercial, en su artículo *Le storytelling pour un argumentaire commercial percutant* («El *storytelling* para un argumentario comercial contundente»):

- «¿Cuáles son los problemas a los que se enfrenta mi cliente potencial en su día a día?». Elabora un argumento con el que se identifique;
- «¿Cuáles son los elementos de esta problemática que yo conozco y de los que mi cliente no es consciente?». Esta pregunta te permitirá encontrar elementos que explorarán la problemática de tu cliente potencial. Cuanto más explore él las características de su problema (incluyendo aspectos en los que no había pensado) a través de tu historia, más predispuesto se hallará a seguir el desarrollo de tu narración;
- «¿Cómo podría resolver mi interlocutor esta problemática?». Los últimos elementos de tu historia representan la oferta que propones, que resulta ser la solución al problema.

Sacar provecho de la información obtenida: el método SONCAS(E)

Por lo tanto, las necesidades del cliente se erigen como una cuestión crucial durante una conversación comercial. Por ello, te recomendamos que apliques el método SONCAS(E), muy conocido en el mundo del *marketing* y que, sin embargo, apenas se utiliza. Este acrónimo francés resume todas las motivaciones de compra de un cliente potencial y distingue así distintos tipos de clientes en función de sus criterios de prioridades. En efecto, es inevitable que el cliente establezca una jerarquía en la importancia que otorga a cada criterio. Al basarte en esta técnica, podrás elegir las preguntas de manera más eficaz y podrás comprender rápidamente cuál es la motivación de tu cliente potencial. Esto incluso te permitirá concluir acuerdos más fácilmente. Cuando efectúes tus llamadas, no olvides remitirte a estas palancas que pueden activar las decisiones.

El método SONCAS(E)

Seguridad	El cliente potencial se preocupará por el factor seguridad, una de las necesidades fundamentales del hombre. En tu oferta, pon de relieve la garantía, la fiabilidad y la experiencia.	«Nuestra empresa ofrece este servicio desde hace más de cuarenta años. Con nosotros, tiene la garantía de una calidad irreprochable».
Orgullo	El cliente necesita sentir reconocimiento como persona, por lo que buscará un producto o un servicio que le dé valor.	«Para un perfil como el suyo, le recomiendo nuestra edición limitada».
Novedad	Muchas personas reaccionarán a este argumento. Insiste en el aspecto innovador del producto.	«Se trata del último modelo que salió el mes pasado».
Confort	Puede ser un confort físico o psicológico. En ambos casos, apuesta por el uso sencillo y el aspecto agradable de su producto.	«No encontrará un smartphone más intuitivo que este».
Dinero	Debes convencer a tu cliente potencial de que no se trata de un gasto, sino de una inversión.	«Es la mejor relación calidad-precio que encontrará en el mercado».
Simpatía	El cliente potencial se fijará en la simpatía que sentirá por ti. No abandones tu lado humano y sonriente cuando estés hablando.	
Ecología	El producto debe respetar el medio ambiente y seguir los principios de desarrollo sostenible.	«Todas nuestras verduras vienen de agricultores locales».

Negociar con ímpetu: las cinco reglas que debes conocer

No siempre es fácil convencer al cliente potencial, que quizás te pida que hagas concesiones o le apliques condiciones especiales. Por ello, en muchas ocasiones, saber negociar será una baza fundamental. No olvides estos cinco puntos vitales que Víctor Cabrera desarrolla en su artículo *5 clés pour négocier efficacement*:

- muéstrate ambicioso desde el principio y atrévete a empezar con una exigencia elevada para tener a continuación un margen de negociación. Si ya desde un primer momento expones el nivel más bajo, reducirás automáticamente este margen;
- elabora una lista con los puntos en los que no estáis de acuerdo e identifica los menos importantes para ti, aquellos en los que podrías ceder. Acepta transigir en estos puntos, pero negocia una compensación. Así, tu cliente potencial pensará que acaba de hacer un buen negocio y se mostrará también más predispuesto a ceder;
- a cambio, negocia como contrapartida lo que más valor tiene para ti. Es el momento clave para que la balanza se incline hacia tu lado y se invierta la presión, puesto que acabas de aceptar hacer una concesión;
- puedes recular con respecto a tu oferta de inicio, pero poco a poco. Si te retiras de golpe, perderás tu margen de negociación. El objetivo es obtener lo máximo cediendo lo mínimo;
- dirige a tu interlocutor hacia la conclusión. Si no lo invitas a terminar, le ofreces la posibilidad de formular otras peticiones y te arriesgas a que recule en lo negociado.

LA CONCLUSIÓN

Saber fijar un encuentro al final de la entrevista es por lo menos tan importante como las etapas previas. En efecto, si intentas establecer esa cita torpemente, corres el peligro de ver cómo se desmorona el trabajo que has efectuado. Por lo tanto, es fundamental saber proceder correctamente.

No caigas en la trampa de presentar de nuevo todos tus argumentos de venta. Concéntrate, por el contrario, en la obtención de una cita. Para ello, tienes que despertar la curiosidad de tu cliente potencial para que tenga ganas de ir más allá. No des demasiados datos, utiliza una fórmula de impacto que recoja una ventaja nada despreciable de tu oferta y sugiérele que puede saber más acerca de ello durante un encuentro. Por ejemplo, insiste en el hecho de que tu empresa es la única en el mercado que ofrece un precio tan bajo por ese tipo de producto, si eso es así. Al evocar una oportunidad que no se puede perder, estás jugando la carta de la singularidad.

Para acabar, propón a iniciativa propia un lugar y una fecha precisa para el encuentro, y ofrece a continuación otra posibilidad más flexible (para evitar las objeciones): «Puedo pasarme este jueves a las 11 h por su despacho. ¿Le viene bien? ¿O prefiere el viernes por la tarde?».

No olvides que este método no siempre te permitirá obtener un encuentro. De hecho, nadie logra un 100 % de éxito. Sin embargo, aumentará significativamente tus resultados actuales. Recuerda: la prospección telefónica es un arte que exige práctica y rigor.

LOS MEJORES CONSEJOS

- Define objetivos particulares para cada sesión de tele-prospección que vas a efectuar. Esto te permitirá comparar los resultados obtenidos en cada una y aprender para mejorar.
- Muestra convicción en tu prospección y ten confianza en ti. Si sientes aprensión, tu interlocutor lo notará.
- Utiliza el humor con pertinencia. Así, le quitarás hierro a la conversación y el cliente potencial se sentirá cómodo. Aun así, conviene no abusar: no hay nada peor que un vendedor pesado.
- Domina el arte de la escucha. Tu prospección tendrá éxito si tu cliente potencial habla más que tú. Sacarás de la conversación información muy valiosa.
- Conoce tu oferta al dedillo. Esto parece anodino, pero si no sabes qué propones, tu interlocutor rápidamente te rechazará y no te tomará en serio.
- No dudes en volver a contactar a tus clientes potenciales a intervalos regulares. Si tu primera llamada se ha producido en un mal momento, no dudes en volver a intentarlo. A veces, también influye el factor suerte en el *phoning*.
- Mantén el optimismo frente a las objeciones y a los rechazos. Así, sorprenderás a tu interlocutor, que no se espera esa reacción. En vez de contradecirlo, aporta elementos nuevos que podrían provocar que se replanteara su opinión inicial.
- No mientas acerca de tu oferta y cumple tus promesas. Esto parece evidente, pero es fácil que nos dejemos llevar durante una negociación. Todo lo que digas debe

ser exacto y realizable, puesto que, de lo contrario, tu interlocutor descontento puede forjarte una muy mala reputación.

- Toma notas o graba tu conversación para no perder ningún dato que tu cliente potencial te ha ofrecido. Es lo básico y, además, podrás utilizar la información en una segunda llamada.
- Si tienes miedo de olvidarte datos sobre el producto o sobre el servicio que vendes, no dudes en poner al alcance de tu mano una hoja con toda la información resumida. Aun con todo, intenta escribir únicamente palabras clave para evitar que parezca que estás leyendo tus argumentos.

PREGUNTAS FRECUENTES

¿CÓMO SUPERAR LA BARRERA DE LA SECRETARÍA?

Es una etapa temida, pero tienes que intentar convencer a la secretaría para que te ponga en relación con el responsable que deseas contactar. Para lograrlo, ten una actitud firme y emplea un tono determinado. Menciona también el nombre y los apellidos de la persona con la que quieres hablar.

Este podría ser el resultado: «Buenos días, me llamo Víctor Martín y trabajo como responsable comercial en X. ¿Podría hablar con el señor/la señora X, por favor?».

Si empleas un tono seguro, dará la impresión de que conoces al responsable y de que tu mensaje es importante. Así, harás creer que espera tu llamada y que, por lo tanto, está legitimada. Si procedes de esta manera, aumentarás tus posibilidades de salvar este primer obstáculo. Si, a pesar de todo, te encuentras con un muro, pregunta aun así:

- cuándo puedes volver a llamar («¿Podría indicarme cuándo estará disponible?»);
- si puedes fijar directamente un encuentro («¿Tiene a mano su agenda?»).

Evidentemente, el mejor medio sigue siendo el de encontrar el número de teléfono directo de tu cliente potencial, lo que te evitará esta etapa, que a veces se presenta como laboriosa y exige demasiado tiempo.

¿CÓMO SEGUIR Y GESTIONAR UNA CAMPAÑA DE TELEPROSPECCIÓN?

Empieza por elaborar un archivo en el que se recojan los datos de cada llamada (interlocutores y fechas) y el resultado de la comunicación (necesidades del cliente potencial, objeciones, propuesta presentada, objeto de la conversación, etc.). Puedes organizarlo, por ejemplo, mediante una tabla recapitulativa en Excel. Esto te permitirá elaborar una base de datos, analizar tus resultados y mejorar tus futuras llamadas gracias al conocimiento de tus clientes potenciales.

¿CÓMO VOLVER A CONTACTAR DE MANERA EFICAZ A UN CLIENTE POTENCIAL?

Puedes volver a contactar a tu cliente y probar suerte por segunda vez arguyendo varios motivos:

- conocer sus nuevas motivaciones;
- anunciar una novedad en tu oferta;
- responder a una pregunta que se quedó en el aire durante la conversación anterior;
- enviar información suplementaria que puede afectarle.

Lo ideal es concluir la primera llamada con una apertura para encontrar una excusa legítima que te permita volver a contactarlo.

¿CÓMO ME PREPARO PARA LOS IMPREVISTOS?

Lo mejor es elaborar un diálogo telefónico, un guion de conversación con vistas a estar preparado ante cualquier eventualidad. Establece tu discurso comercial, tu presentación, las posibles preguntas y objeciones y tus consiguientes respuestas. Obviamente, tendrás que adaptar tu guion en función de tu cliente potencial, deberás personalizarlo. Para ello, la mejor fórmula es una buena preparación.

¿CÓMO MANTENER LA CALMA SI EL CLIENTE POTENCIAL SE ENFADA?

En cualquier sesión de prospección telefónica aparecerán unos pocos descontentos y maleducados. Si tu interlocutor siente la necesidad de expresar su contrariedad, deja que proceda y escúchalo con atención (intenta siempre recoger toda la información posible sobre él), mientras procuras responder con tranquilidad y respeto a sus críticas. Demuestra empatía y comprensión con respecto a su situación. Si nota tu condescendencia, estará más predispuesto a calmarse.

¿CÓMO ANTICIPAR LAS POSIBLES OBJECIONES?

Tienes que preparar las respuestas previamente en función de tu cliente potencial. Si lo has analizado en profundidad, podrás identificar fácilmente los puntos sensibles que suponen un problema y desarrollar los argumentos para salvar los escollos. No se trata de preparar las mismas respuestas para cada cliente potencial: tu acción debe ser extremadamente precisa y personalizada.

Te enfrentarás a dos tipos de objeciones:

- las genéricas, como «no tengo tiempo», «no estoy interesado». En este caso, solo tu poder de persuasión marcará la diferencia;
- las específicas, como «ya tengo el mismo producto de la competencia», «es un poco caro» o, por el contrario, «¿está seguro de que esto solo cuesta...?». En este caso, tu cliente potencial está mostrando un mínimo de interés, puesto que te está indicando cuál es el obstáculo. Por lo tanto, te deja una puerta abierta por la que debes intentar entrar, respondiendo con un buen argumento que le hará dudar y, después, cambiar de opinión.

¿CÓMO ME ASEGURO EL ACUERDO DE UN CLIENTE POTENCIAL?

Para comprobar el acuerdo de un comprador potencial:

- comunícale tu voluntad de trabajar conjuntamente;
- formula una promesa (realizable) para vuestro próximo encuentro;
- recapitula los puntos en los que os habéis puesto de acuerdo y fija un futuro encuentro.

¡AHORA ES TU TURNO!

Ahora ya estás preparado para llevar a cabo con éxito tus prospecciones telefónicas. Para ayudarte a lanzarte, te hemos preparado este principio de diálogo telefónico con el que podrás iniciar tus conversaciones de la mejor manera posible.

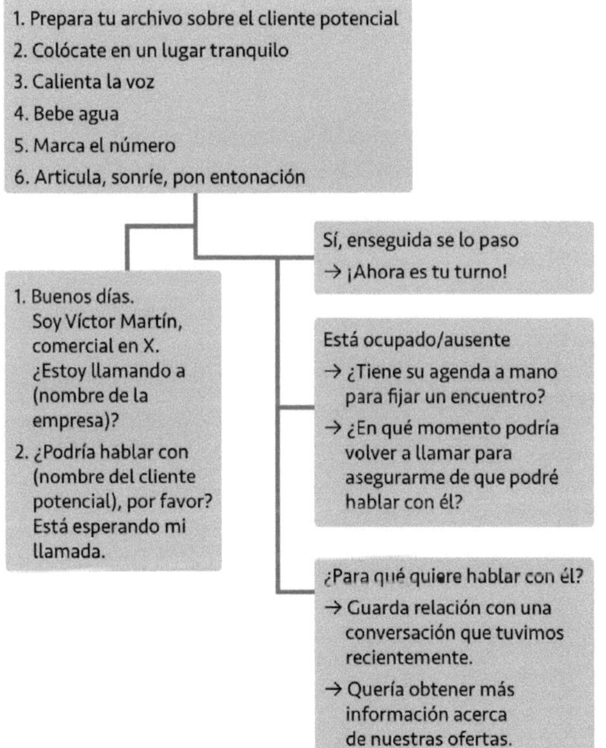

¡Tu opinión nos interesa!
¡Deja un comentario en la página web de tu librería en línea,
y comparte tus favoritos en las redes sociales!

PARA IR MÁS ALLÁ

FUENTES BIBLIOGRÁFICAS

- Batun, François. 2015. "Le storytelling pour un argumentaire commercial percutant". *D2b Consulting*. Junio. Consultado el 16 de noviembre de 2016. http://www.d2bconsulting.fr/storytelling-pour-un-argumentaire-commercial-impactant/
- Cabrera, Victor. 2015. "Comment faire une relance client intelligente?". *Technique De Vente*. Febrero. Consultado el 16 de noviembre de 2016. http://www.technique-de-vente.com/comment-vendre-meme-sivous-netes-pas-parvenu-a-conclure-une-vente/
- Cabrera, Victor. 2015. "Comment réussir une prospection téléphonique?". *Technique De Vente*. Mayo. Consultado el 16 de noviembre de 2016. http://www.technique-de-vente.com/comment-reussir-une-prospection-telephonique/
- Cabrera, Victor. 2015. "Téléprospecteur: 14 conseils pour réussir". *Technique De Vente*. Agosto. Consultado el 16 de noviembre de 2016. http://www.technique-de-vente.com/teleprospecteur-14-conseils-pour-reussir/
- Cielle, Arnaud. 2011. *Comment trouver et fidéliser vos clients*. París: Dunod.
- El Kaddioui, Karim. 2012. "Prospection téléphonique: vendre comme un pro". *Business Tool Box*. Agosto. Consultado el 16 de noviembre de 2016. http://blog.businesstoolbox.fr/prospection-telephonique-apprenez-a-vendre-comme-un-pro/
- Mouzé, Bruno. 2014. "10 astuces pour réussir

sa prospection téléphonique". *L'efficacité commerciale*. Enero. Consultado el 16 de noviembre de 2016. http://lefficacitecommerciale. fr/10-astuces-pour-reussir-sa-prospection-telephonique/
- Petite entreprise, "Réflexes à acquérir et astuces à suivre", 2013. Consultado el 16 de noviembre de 2016. http://www.petite-entreprise.net/P-3762-85-G1-prospection-telephonique-reflexes-a-acquerir-et-astuces-a-suivre.html

FUENTES COMPLEMENTARIAS

- Aguilar, Michaël y Philippe Lafaix. 2011. *Les accélérateurs de vente. 100 techniques incontournables pour vendre plus, plus vite, plus cher.* París: Dunod.
- Baudier, Michel. 2011. *Bien prospecter par téléphone pour obtenir des rendez-vous.* París: Maxima.
- Henry, Isabelle. 2015. *Osez la prospection téléphonique.* Castries: COM… TEL.
- Moulinier, René. 2009. *Prospection commerciale. Stratégies et tactiques pour acquérir de nouveaux clients.* París: Éditions d'Organisation.
- Vendeuvre, Frédéric y Philippe Beaupré. 2013. *Gagner de nouveaux clients. La prospection efficace.* París: Dunod.

en50MINUTOS.es

¡APRENDER NUNCA ANTES FUE TAN RÁPIDO!

www.en50minutos.es